Nota para los

P9-ARB-671
3 4028 05997 9451
HARRIS COUNTY PUBLIC LIBRARY

J Sp B Cle
Buckley, James,
Roberto Clemente

$3.99
1st. U.S. ed.   ocm46403935

DK READERS es un nue
programa para la iniciac
un equipo de expertos en
los que destaca la Dra. L
Conferencia Nacional de
la Asociación Internacio

Combinamos bellas ilustraciones con textos
entretenidos y sencillos, con el fin de ofrecer una
aproximación amena a cada tema. Cada volumen de
nuestra serie DK READER captará el
interés del niño al tiempo que desarrolla sus destrezas
de lectura, cultura general y pasión por la lectura.

El programa de DK READERS está
estructurado en cuatro niveles de lectura, para que
pueda usted hacer una elección precisa y adecuada a
las aptitudes de su hijo.

Nivel 1 – Primeros pasos
Nivel 2 – Lectura asistida
Nivel 3 – Lectura independiente
Nivel 4 – Lectura avanzada

Dado que la edad "normal" para que un niño
empiece a leer puede estar entre los tres y los ocho años
de edad, estos niveles han de servir sólo como una
pauta general.

Pero sea cual sea el nivel, usted le ayudará a su hijo
a aprender a leer …y a leer para aprender.

DK

LONDON, NEW YORK, MUNICH,
MELBOURNE, and DELHI

Editor Neal Porter
Directora Andrea Curley
Director de Arte Ejecutivo Dirk Kaufman

Producido por
Shoreline Publishing Group
Directora James Buckley, Jr.
Diseñadora Helen Choy Whang

Editora EE.UU. Regina Kahney
Consultora Linda Gambrell, Ph.D.

Producido en cooperación y bajo licencia de
Major League Baseball Properties, Inc.
Vicepresidente ejecutivo Timothy J. Brosnan
Director editorial y de MLB Photos
Don Hintze

Adaptación en español:
Producciones Smith Muñiz
Redactor jefe Íñigo Javaloyes
Subdirectora Marta Medina

Primera Edición de EE.UU., 2001
2 4 6 8 10 9 7 5 3
Publicado en Estados Unidos por DK Publishing, Inc.
375 Hudson Street, New York, New York 10014

Copyright © 2001 Dorling Kindersley Limited, London
Todos los derechos reservados por International and Pan-American
Copyright Conventions. Queda prohibida la reproducción, archivo en un
sistema de recuperación, transmisión de cualquier forma, ni por ningún
medio corpóreo o incorpóreo, electrónico, mecánico, por fotocopia o
grabación, o de cualquier otra manera, sin la previa autorización escrita
del propietario del copyright.
Publicado en Gran Bretaña por Dorling Kindersley Limited.

ISBN: 0-7894-7345-3 (PLC)
ISBN: 0-7894-7344-5 (PB)

En la Biblioteca del Congreso se puede conseguir
el registro de este libro.

Reproducción a color por Colourscan, Singapore.
Impreso y encuadernado por L. Rex, China.

Créditos de fotografía e ilustración
Andy Jurinko/Bill Goff, Inc.: 28; **AP/Wide World:** 4, 8, 10, 32, 42;
Baseball Hall of Fame: 14, 18; **Corbis/Bettmann:** 44, 45;
Dorling Kindersley: 8b, 10t, 42b; **Ebbets Field Flannels,**
Seattle, WA: 13; **Hillerich & Bradsby Co:** 23 ("Silver Slugger" es
una marca registrada de H&B, Louisville, Ky.); **Major League
Baseball Photos:** 6, 7, 26, 32, 34, 36, 40, 46; **Pittsburgh Post-
Gazette:** 39; **Bill Purdom/Bill Goff, Inc.:** 16.

Vea nuestro línea
completo en
www.dk.com

Contenidos

 **READERS**

LECTURA
3
INDEPENDIENTE

MAJOR LEAGUE BASEBALL

ROBERTO CLEMENTE

James Buckley, Jr.

DK Publishing, Inc.

El béisbol

Corría como el viento. Tenía un lanzamiento de derecha explosivo. Fue uno de los mejores bateadores de todos los tiempos, y un héroe en su país.

Roberto Clemente nació en Puerto Rico, una isla del mar Caribe.

Fue uno de los mejores jardineros derechos de la historia del béisbol. Pero para su gente, Roberto suponía un símbolo de superación personal. Su liderazgo y su corazón fueron un ejemplo para todos los puertorriqueños.

El deporte que practicaba ocupaba gran parte de la vida puertorriqueña. En su país hay cientos de equipos que practican el béisbol durante todo el año.

Aunque digamos que el béisbol es "el deporte nacional de EE.UU.", en algunos países hispanos, como Puerto Rico, es todavía más influyente.

Como en muchos de estos países los niños no pueden comprar bates y guantes de béisbol, juegan con palos de escoba y cartones de leche. Las bolas las hacen con ovillos de calcetines viejos.

Roberto Clemente fue el primer gran jugador procedente de Latinoamérica. Actualmente, hay grandes talentos de Suramérica y el Caribe en el béisbol de las Grandes Ligas.

¿Habrían tenido el mismo éxito jugadores como Sammy Sosa, Pedro Martínez, Juan González o Bernie Williams sin Roberto Clemente?

Nunca podremos saberlo con certeza.

El all-star, Bernie Williams.

Juan González.

Lo que sí se sabe es que Clemente fue un pionero de una gran parte del mundo que ama el béisbol. Este libro narra la vida de un niño que nació pobre en Puerto Rico, pero logró enriquecer al mundo gracias a su entrega profesional y humana.

Puerto Rico

La isla de Puerto Rico está en el mar Caribe. Es un Estado Libre Asociado de los Estados Unidos.

"Jugábamos todo el día"

Roberto Clemente nació el 18 de agosto de 1934 en Carolina, Puerto Rico. Era el menor de ocho hermanos.

Sus padres trabajaban en el cultivo de la caña de azúcar. Su padre Melchor ganaba 45 centavos al día, pero se las arreglaba para dar a su familia todo lo necesario. Y lo que más necesitaba el pequeño Roberto era el béisbol.

"Lo que más me gustaba de todo era el béisbol", dijo Roberto hace tiempo.

"Jugábamos todo el día hasta que se hacía de noche".

Caña dulce
El azúcar "refinada" que tomamos procede de una planta llamada *caña de azúcar*, que son tallos largos de sabor dulce.

En Puerto Rico se jugaba al béisbol con cualquier cosa.

Para comprarse su equipo de béisbol, que a menudo sólo consistía en viejas pelotas de tenis, Roberto trabajaba duro repartiendo leche y otros alimentos por el pueblo.

Roberto era de los mejores jugadores de su barrio. Jugaba en un equipo de sóftbol con un bate de madera de guayaba.

Su primer guante se lo hizo con un saco de café. Pasaba muchas tardes viendo a los jugadores de la Liga Invernal de Béisbol. Hizo amistad con Monte Irvin, que jugó en las Grandes Ligas.

Monte Irvin

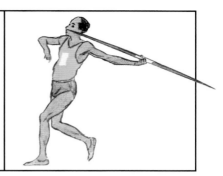

Brazo fuerte

La jabalina es una especie de lanza alargada, que se arroja lo más lejos posible en competencias atléticas.

Irvin le regaló pelotas de béisbol a Roberto, y le dio consejos de cómo jugar al béisbol.

Al cumplir los 14 años, su padre le dio permiso para jugar en un equipo patrocinado por la Compañía Sello Rojo Rico. Roberto empezó de jardinero corto, pero no tardaron en ponerlo de guardabosques.

En la escuela secundaria, Roberto se convirtió en uno de los mejores lanzadores de jabalina del país. La jabalina le ayudó a desarrollar su poderoso tiro de derecha en el béisbol.

Todo el mundo se dio cuenta de que Roberto tenía mucho talento. La joven promesa del béisbol demostró sus destrezas ante los Cangrejeros de Santurce. Al contratarlo, Roberto pasó de aficionado a profesional. Ganaba $40 a la semana. El equipo le dio un guante nuevo de béisbol.

Copias actuales del gorro y el uniforme de Roberto.

Roberto brilló en Santurce tanto con el bate y en el jardín, como en las bases. Su asombrosa velocidad le permitió correr las bases con gran arrojo y valentía.

Su talento no
tardó en reclamar la atención de los
cazatalentos de las Grandes Ligas, que
viajaban por el mundo en busca de
nuevos fichajes.

Muchos equipos querían contratarlo.
Y la pregunta era: ¿cuál elegiría él?

Roberto eligió Brooklyn, pero acabó en Pittsburgh.

En una prueba para los cazatalentos
de las Grandes Ligas, Roberto hizo una
extraordinaria exhibición de juego.

Arrojó la pelota con precisión desde el jardín. Corrió las 60 yardas en 6.4 segundos; el récord del mundo era 6.1. Y bateó con fuerza en todas direcciones.

Había un problema: el reglamento no le permitía jugar hasta que cumpliera 18 años. Tendría que esperar un año a que los equipos empezaran a hacerle ofertas.

Aceptó jugar para los Brooklyn Dodgers, que le ofrecieron $10,000. Pero al día siguiente los Milwaukee Braves le ofrecieron casi tres veces más.

Roberto lo consultó con su familia. El dinero les vendría muy bien, por supuesto, pero él ya había dado su palabra a Brooklyn.

¡El niño que había empezado con una vieja pelota de tenis y una rama de árbol, iba camino a las Grandes Ligas!

¡Hola Pittsburgh!

Antes de jugar con los grandes, Roberto pasó una temporada en las ligas menores. En la temporada de 1954, jugó para los Montreal Royals, el mejor equipo secundario de los Dodgers. Pero jugó poco.

¿Por qué? ¿Es que acaso no era un gran jugador? Los Dodgers trataban de esconder a su joven estrella de otros equipos. En aquellos tiempos, si un jugador recibía una prima de más de $4,000, al año siguiente tenía que pasar a las Grandes Ligas.

Si no ascendía, cualquier otro equipo podría reclamarlo.

Lo único que querían los Dodgers era "esconderlo" de otros equipos, porque

ellos ya tenían el jardín lleno de estrellas. Pero no se puede esconder a un jugador como Roberto. Los Pittsburgh Pirates lo venían observando, y al terminar la temporada de 1954 lo sacaron de los Dodgers.

Roberto jugó en el primer partido de temporada de 1955. Y nunca volvió a jugar para otro equipo.

En Puerto Rico, mientras tanto, la
familia de Roberto celebraba su éxito. Él
era uno de los primeros puertorriqueños
en jugar en las Grandes Ligas.

Roberto fue un héroe para muchos puertorriqueños antes, incluso, de jugar su primer partido en Pittsburgh.

A pesar de su éxito, Roberto nunca se olvidó de los niños de su tierra natal. "Yo envío unos 20,000 autógrafos al año", dijo. "Me siento orgulloso cada vez que un niño me pide uno. Creo que debemos algo a la gente que nos mira".

Pero por mucho que admirasen a Roberto en Puerto Rico, sus seguidores de Pittsburgh estaban impacientes por verle jugar como una estrella. Las lesiones y los errores típicos del novato complicaron sus primeras temporadas.

De hecho, en sus primeras cinco años en los Grandes Ligas, nunca hizo más de 60 carreras por temporada, y sólo bateó por encima de .300 una vez.

En 1960, durante su sexta temporada, Roberto floreció. Fue el primero en la Liga Nacional con 19 asistencias. Bateó un promedio de .314. Lideró a los Pirates con 94 impulsadas y fue el segundo de su equipo en cuadrangulares, con un total de 16.

Además, su rendimiento permitió a su equipo conseguir el primer campeonato de la Liga Nacional en 33 años. La Serie Mundial de 1960, contra los poderosos Yankees, fue de las más emocionantes de la historia.

Robertó jugó muy bien en la Serie. Bateó una media de .310, y tuvo un *hit*, al menos, por partido. En los primeros seis partidos, los Yankees anotaron 46 carreras, y los Pirates 17. ¡Pero estaban empatados a tres victorias!

En el séptimo partido, Bill Mazeroski, de Pittsburgh, bateó un cuadrangular histórico. Empezó la parte baja de la novena entrada, con el jonrón ganador del partido y de la Serie Mundial.

Bill Mazeroski anota el cuadrangular ganador de la Serie.

Roberto tuvo una gran temporada en 1960, y se pensó que podría ser votado el Jugador Más Valioso de ese año. Pero sólo quedó en octavo lugar; un bajo resultado que entristeció a Roberto.

Cepeda se unió a Roberto en el Salón de la Fama.

Promedio alto

El promedio de bateo equivale al número de hits dividido entre los turnos. Los mejores bateadores de cada posición ganan el premio Silver Slugger™.

Roberto convirtió su pena en decisión. Quería demostrar a los votantes que se habían equivocado. En 1961, fue el primer hispano en ganar el título de bateo de la Liga Nacional con una promedio .351. Desde entonces jamás bajó de .300.

Al término de la temporada de 1961, Roberto y su paisano, Orlando Cepeda, líder de la Liga Nacional en cuadrangulares e impulsadas, regresaron a Puerto Rico. De camino al aeropuerto, más de 20,000 personas abarrotaron las calles para recibirlos.

No todos los puertorriqueños sabían quién era Roberto. En 1963 conoció a una jovencita en una tienda. No tardó en pedirle que salieran juntos, pero antes pidió permiso a sus padres.

Pero Vera Zabala no sabía

Roberto, su esposa Vera y sus hijo durante un partido en 1970.

que el joven que la rondaba era un héroe nacional. No tardó en descubrirlo, y al año siguiente se casaron. Más adelante tuvieron tres hijos: Roberto Jr., Luis y Ricky.

Roberto siguió destacando en las Grandes Ligas, asustando a los lanzadores y manteniendo a los corredores en jaque. En 1965 consiguió otro título de bateo.

La frustración que padeció en 1960 en la votación del MVP, le permitió saborear mejor su éxito de 1966. Consiguió 29 cuadrangulares, bateó un promedio de .317 y empujó 119 carreras. Y, finalmente, fue nombrado Jugador Más Valioso de la Liga Nacional.

26

Años de *all-star*

A medida que Roberto se ganaba la admiración de todos en el terreno de juego, también empezaron a conocerse sus obras humanitarias.

En su Puerto Rico natal dedicaba su tiempo libre a enseñar béisbol.

"El béisbol es un gran deporte", les decía. "Es un deporte que puede aportarles muchas cosas, pero sólo si se entregan por completo".

La pasión de Roberto por ayudar a los demás sólo se comparaba al amor que sentía por su familia y su deporte.

Una vez dijo: "Cada vez que desaprovechas una oportunidad para ayudar a los demás, sólo consigues desperdiciar tu tiempo en este mundo".

Roberto siguió haciendo grandes cosas por los Pirates. Aunque no solían estar entre los favoritos, él seguía siendo uno de los mejores jugadores de la liga. En 1967 ganó otro título de bateo, y por quinta vez fue el primero de la liga en asistencias.

Ningún otro jugador de las Grandes Ligas logró tantas asistencias como Roberto. Y consiguió todos estos records a pesar de las lesiones y los prejuicios de algunas personas.

Durante su carrera, Roberto sufrió varias lesiones de hombro, espalda, cuello y codo.

En cuanto a los prejuicios, hubo gente que no le aceptaba por el simple hecho de ser hispano y de tener la piel oscura.

Roberto saltando ante el muro del Wrigley Field.

Al llegar a Estados Unidos, a veces no podía quedarse en los mismos hoteles que sus compañeros. Incluso a finales de los años sesenta, en algunos lugares se negaban a servirles a él y a Vera.

Roberto era un puertorriqueño que a menudo recibía el mismo tratamiento de segunda clase que muchos jugadores afroamericanos.

Roberto luchó por cambiar las actitudes racistas de Estados Unidos. Era un gran jugador, por supuesto, pero lo más importante es que también exigía respeto fuera del campo; y se lo ganaba.

Además de dar clases de béisbol, ayudaba en otras áreas, tanto en Pittsburgh como en Puerto Rico. Un año grabó un anuncio de televisión contra la droga. Él mismo tradujo el guión del anuncio, del inglés al español.

Y ayudó a otros hispanos, como al receptor de su equipo, el panameño Manny Sanguillén, a adaptarse a las Grandes Ligas.

"Todos somos iguales", dijo una vez en un discurso. "Pero hay que luchar duro para conseguir esa igualdad".

Estaban a finales de los años sesenta, pero Roberto sabía que esa lucha no había terminado.

Altibajos

La temporada de 1970 fue especial para los Pirates y sus seguidores. En junio de ese año se cerró el

Forbes Field, y en julio se inauguró el nuevo Three Rivers Stadium.

El 16 de julio rindieron homenaje a su gran jugador con la "Noche de Roberto Clemente". El evento se transmitió vía satélite a Puerto Rico. Roberto conmovió a sus compatriotas al dirigirse a ellos en español.

Tres ríos

En español, *three rivers* significa "tres ríos". Pittsburgh está situada entre tres ríos: el Monongahela, el Ohio y el Allegheny.

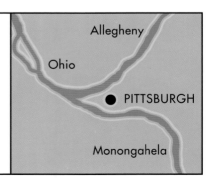

Toda su familia le acompañó durante la recaudación de fondos, en su nombre, para el Hospital Infantil de Pittsburgh.

Luego regresó a la competencia. Los Pirates habían rodeado a su veterana estrella de nuevos y jóvenes talentos.

Los Pirates ganaron el título de la División Este en la Liga Nacional. Roberto hizo un promedio de .352.

Los Pirates perdieron ante los Cincinnati Reds en los *playoffs*, pero el éxito del equipo auguraba grandes triunfos.

Roberto a punto de batear.

Al empezar la temporada de 1971, los
Pirates eran uno de los favoritos para
llegar a la Serie Mundial. Pittsburgh
contaba con Willie Stargell y Al Oliver.

Aparte de estos grandes teloteros, Pittsburgh tenía a dos grandes lanzadores: Dock Ellis y Steve Blass.

Además de tener un gran equipo, los Pirates fueron pioneros en otro aspecto. Era uno de los equipos con mayor diversidad racial de la liga. Y en un partido de septiembre de 1971, alinearon el primer equipo de la historia de las Grandes Ligas con jugadores de raza negra.

Roberto estaba orgulloso de formar parte de él. Como dijo en un discurso en 1970, "debemos ser capaces de vivir y trabajar juntos, con independencia de nuestra raza o nacionalidad".

Los Pirates destacaron lo suficiente durante la temporada 1971 como para entrar de nuevo en las eliminatorias.

Willie Stargell ayudó a Roberto a liderar a los Pirates.

Eliminatorias de béisbol

Hoy en día, los dos equipos mejor clasificados de cada divisón entran en las eliminatorias, o playoffs.

Los Pirates y los San Francisco Giants se enfrentaron en la serie por el campeonato de la Liga Nacional. Roberto afrontó el reto con confianza. "Ganaremos la serie, e iremos a la Serie Mundial", dijo.

Él y sus compañeros cumplieron su promesa. Pittsburgh ganó tres partidos seguidos y accedió a la Serie Mundial por vez primera desde 1960. Roberto hizo un promedio de .333 en los playoffs. Pero la estrella fue el primera base Bob Robertson, con cuatro cuadrangulares y un promedio de .438.

Los Baltimore Orioles, campeones de la Liga Americana, les esperaban. Aunque a sus 37 años estaba a punto de coronar una carrera gloriosa, aún quería brillar en la Serie Mundial. ¡Y lo hizo!

Baltimore ganó los dos primeros partidos, pero los Pirates ganaron los tres siguientes. Baltimore empató la serie al ganar el sexto.

En el emocionante encuentro final, Roberto puso delante a los Pirates con un cuadrangular. Anotaron otra carrera y Blass contuvo al rival. ¡Pittsburgh había ganado la Serie Mundial!

Roberto bateó un promedio de .414, con cuatro impulsadas y dos cuadrangulares. Además puso fuera a 15, y realizó un tiró que, según Andy Etchebarren, el receptor de los Orioles, fue el mejor que vio en su vida.

Clemente fue nombrado Jugador Más Valioso de la Serie Mundial.

Al aceptar el trofeo en el podio volvió a hacer historia.

Se dirigió al mundo entero, que
seguía el partido por televisión. ¡Y lo
hizo en español! Roberto dio las gracias
a sus padres y siguió pidiendo el apoyo
de sus amigos de Puerto Rico.

Roberto y el lanzador Nelson Briles tras la serie de 1960.

Con el griterío del público aún en la memoria, Roberto decidió jugar una temporada más en 1972.

No sólo quería ir a por la Serie Mundial una vez más; además deseaba alcanzar el récord de los 3,000 hits.

Por aquel entonces sólo 10 jugadores en la historia habían logrado 3,000 hits. Él necesitaba otros 118 para alcanzar ese número mágico.

Se perdió varios partidos por una huelga de jugadores y varias lesiones, pero alcanzó los 2,999 con tres partidos para el final de la temporada.

Roberto volvió a hacer historia el 30 de septiembre contra los Mets.

Jon Matlack lanzó, y Roberto conectó un doble hacia la izquierda contra el muro. Así, se convirtió en el

primer latino en alcanzar los 3,000 hits. Por desgracia fue el último hit de su vida.

Cuando los Reds ganaron a los Pirates en los playoffs, Roberto regresó a Puerto Rico. El 23 de diciembre, un terremoto sacudió Managua, la capital de Nicaragua. Murieron más de 7,000 personas, hubo miles de heridos y la ciudad quedó prácticamente destruida.

A nadie le extrañó que Roberto fuera de los primeros en ayudar. Pidió a los puertorriqueños que donaran dinero y provisiones para sus hermanos hispanos. Roberto trabajó sin descanso.

Se donaron toneladas de alimentos, medicinas y provisiones para enviar a Nicaragua. Cuando Roberto supo que se habían robado algunas de las provisiones, decidió ir él mismo para asegurarse de que nadie se las quitara a quienes realmente las necesitaban.

Los terremotos pueden destruir ciudades enteras.

El 31 de diciembre de 1972, tres meses justos después de que consiguiera su histórico 3,000 hit, Roberto se subió a un avión cargado de provisiones con destino a Nicaragua.

El avión nunca alcanzó su destino.

A las 9:23 p.m., el avión que llevaba a Roberto, otros cuatro hombres y toneladas de provisiones se estrelló en el océano Atlántico poco después de despegar. No hubo supervivientes.

La muerte repentina de este héroe conmovió a todo Puerto Rico, y al mundo del béisbol y del deporte.

A nadie sorprendió que diera su vida por ayudar a los demás. Pero todos se entristecieron por perder a un hombre como él a tan temprana edad.

"Roberto tenía un aura de realeza", dijo el comisionado de béisbol Bowie Kuhn.

Pero aunque haya muerto, sus contribuciones al béisbol y a Puerto Rico todavía perduran.

Los buzos trataron de encontrar a Roberto y a los demás.

Roberto y su legado

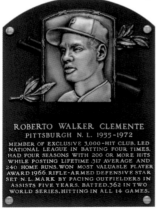

ROBERTO WALKER CLEMENTE
PITTSBURGH N. L. 1955-1972
MEMBER OF EXCLUSIVE 3,000-HIT CLUB. LED
NATIONAL LEAGUE IN BATTING FOUR TIMES.
HAD FOUR SEASONS WITH 200 OR MORE HITS
WHILE POSTING LIFETIME .317 AVERAGE AND
240 HOME RUNS. WON MOST VALUABLE PLAYER
AWARD 1966. RIFLE-ARMED DEFENSIVE STAR
SET N.L. MARK BY PACING OUTFIELDERS IN
ASSISTS FIVE YEARS. BATTED .362 IN TWO
WORLD SERIES, HITTING IN ALL 14 GAMES.

Placa a Roberto.

Un legado es lo que una persona deja tras de sí después de morir. Roberto Clemente dejó un enorme legado.

Días después de su muerte, fue el primer latino admitido en el Salón de la Fama del Béisbol.

Hoy en día, la MLB (Major League Baseball) le rinde tributo cada año con el Premio Roberto Clemente, entregado al jugador que destaque tanto por su talento, como por sus contribuciones a la sociedad.

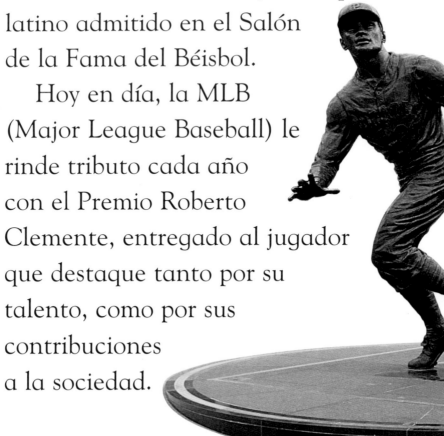

Uno de los premiados más recientes fue Sammy Sosa, de los Chicago Cubs. En Puerto Rico, miles de niños gozan de instalaciones deportivas en la Ciudad Deportiva Roberto Clemente, cerca de San Juan. En su país

Sello de EE.UU. emitido el año 2000.

también hay dos hospitales con su nombre. La ciudad de Pittsburgh bautizó un puente en su honor.

Ante la puerta del Three Rivers Stadium, hay una estatua de Roberto Clemente.

Cuando la vuelvas a ver, dale las gracias por todo lo que hizo... por el béisbol y por su gente.

La estatua de Roberto sigue mirando hacia el futuro.

GREAT ONE"

Harris County Public Library
Houston, Texas

Glosario

Asistencia
El jugador que lanza la pelota a otro que pone fuera a un rival, hace una asistencia; Roberto hace una asistencia si, por ejemplo, lanza al segunda base y éste toca con la pelota a un corredor.

Autógrafo
Firma dedicada de una persona, en este caso de un jugador.

Cazatalentos
Personas que buscan nuevos talentos para equipos de las Grandes Ligas.

Huelga
Se produce cuando los trabajadores dejan de trabajar en señal de protesta.

Latinoamérica
Región de mayoría hispanoparlante al sur de EE.UU.

Ligas menores
Niveles inferiores de béisbol profesional.

Novato
Pelotero que juega la primera temporada de su carrera profesional.

Placa
Plancha grabada, de metal o madera, para recordar a una persona o evento importante.

Playoffs
Partidos que se juegan después de la temporada regular. También se llaman "eliminatorias".

Prejuicio
Se da cuando alguien opina algo acerca de una persona, teniendo sólo en cuenta el color de su piel o su país de origen.

Premio Clemente
Premio anual para reconocer la labor deportiva y social de un pelotero.

Prima
Dinero ofrecido a los peloteros jóvenes para atraerlos a las Grandes Ligas.

Promedio de bateo
Medida del éxito de un bateador, que se calcula dividiendo los hits entre los turnos al bate.

Puesto fuera
Se dice del jugador que es eliminado cuando un contrario le toca con la pelota, o entra en base antes que el primero.

Salón de la Fama
Edificio situado en Cooperstown, Nueva York. Allí se registra tanto la historia del béisbol como a los mejores jugadores.

Serie Mundial
Campeonato de post-temporada de las Grandes Ligas de Béisbol.